Preparaciones culinarias a base de hortalizas

avanza editorial

Editado por:
EDITORIAL FAE, S.L.U.
Correo electrónico: editorial@editorialfae.com

Preparaciones culinarias a base de hortalizas
Susana Martín Ramírez

1ª Edición

ISBN:

Impreso en España

Presentación

Ficha técnica del curso

El presente manual desarrolla el contenido teórico de la acción formativa "Preparaciones culinarias a base de hortalizas" incluida en FUNDAE con código HOTR13 en la familia profesional de Hostelería y turismo y dentro del Área Profesional de "Restauración".

La acción formativa cuenta con una duración de 12 horas y su contenido está estructurado en un módulo formativo que se distribuye según lo expuesto en el siguiente índice.

Índice

Módulo 1. Preparaciones culinarias a base de hortalizas

Módulo 1. Preparaciones culinarias a base de hortalizas

Introducción

Las hortalizas son un grupo de alimentos diversos y variados. Desde el punto de vista botánico son muy difíciles de agrupar, por lo tanto, en gastronomía deben estudiarse en función de la parte de la planta que es comestible y que, por tanto, se puede cocinar.

Nuestro país cuenta con una situación en cuanto a clima y geografía muy favorable para producir hortalizas durante todo el año. En épocas determinadas del año ciertas variedades son producidas en mayor cantidad. Es durante estos períodos cuando la relación calidad/precio es más interesante. También hay que tener en cuenta que la importación de otros países hace posible que permanentemente haya en los mercados todo tipo de hortalizas independientemente de la época del año.

Objetivos

- Aprender la preparación y clasificación de las hortalizas
- Aprender a preelaborar y realizar los cortes apropiados de cada hortaliza.
- Conocer las aplicaciones culinarias según la característica de la hortaliza
- Saber supervisar preparaciones culinarias a base de hortalizas.

1. Conocimiento de la clasificación de las hortalizas

Se considera hortaliza a cualquier planta que puede emplearse como alimento, ya sea en crudo o cocinada. Hay que puntualizar que son consideradas verduras aquellas hortalizas cuya parte verde es comestible. Por ejemplo, una lechuga es considerada una hortaliza y una verdura al mismo tiempo.

Se pueden emplear como plato único, como condimento, en guarnición, etc. Las hortalizas y verduras tienen muy diversas aplicaciones culinarias, pueden elaborarse: cocidas, fritas, rehogadas, al horno, guisadas, etc. También pueden consumirse crudas en ensaladas.

1.1. Tipos

Puede establecerse una **clasificación** de las hortalizas teniendo en cuenta el fragmento de la planta que se utiliza para cocinar:

- **Raíz**: patata, zanahoria, nabo, apionabo, remolacha o rábano.
- **Brotes y flores**: alcachofa, col de Bruselas, coliflor, brócoli o repollo.
- **Frutos**: berenjena, pepino, calabacín, tomate, pimiento o calabaza.
- **Hojas**: acelga, escarola o espinaca.
- **Bulbos**: ajo, cebolla, chalota o cebolleta.
- **Tallos**: cardo o apio.
- **Rizomas:** espárrago o endibia.

1.2. Características

A continuación, se exponen las principales características de las hortalizas.

A. Hortalizas de raíz

En lo referente a las hortalizas de raíz hay que puntualizar que se ha incluido la patata aunque se la considera tubérculo, pero su fruto crece en distintas partes de la raíz que se van engrosando. El resto de hortalizas de raíz como la zanahoria o el salsifí son raíces, pero se desarrollan pegadas al tallo a diferencia de la patata, debe ser rectas.

1. Patata

Planta perteneciente a la familia de las solanáceas. Es redonda y carnosa y tiene una piel fina que puede ser rojiza o marrón claro. En su interior puede tener distintas gamas de blanco o amarillo.

Si se tienen en cuenta la calidad, las patatas nuevas deben ser de piel fina y estar libres de tierra. El resto de variedades deben estar limpias, sin golpes y tener una consistencia firme. No pueden tener fragmentos de piel sin coloraciones verdosas y no se pueden comercializar con germinaciones.

Nutricionalmente posee gran contenido en **almidón** que es un hidrato de carbono complejo o de absorción lenta. Su aporte de vitaminas es importante ya que contiene las vitaminas C y B1 además de riboflavina y tiamina.

Su conservación debe ser en una zona fresca con temperaturas que no superen los 12 ºC sin humedad ni luz. Una temperatura superior a 15 ºC favorece el crecimiento de la patata y toma un sabor azucarado y ligeramente amargo. También tienden a arrugarse y pueden llegar a germinar

Las producciones españolas más importantes de patata se encuentran en Andalucía, Galicia, Castilla León, La Rioja y Cataluña.

Las variedades más cultivadas son las siguientes:

- **De carne blanca**: turia, king edward, red pontiac, etc.
- **De carne amarilla**: duquesa, agria, bintje, etc.

Fig. 1. La patata de carne amarilla tiene muchas aplicaciones

2. Zanahoria

Hortaliza perteneciente a la familia de las umbelíferas. Cuenta con una raíz gruesa y alargada en forma de cono de mayor o menor longitud dependiendo de la variedad de que se trate. Su coloración es la misma en la parte externa que en el interior (anaranjada, morada, blanca o amarilla, entre otras). Su estructura la conforman la pulpa y el corazón (la parte más interna que va del cuello hasta la raíz).

La calidad del fruto viene marcada por el volumen de su interior que a veces no se puede consumir por su dureza. Una zanahoria de calidad debe tener una coloración homogénea., estar entera, limpia, con una raíz cilíndrica y con el corazón poco desarrollado, ya que este es el que provoca que sea dura al comer.

Nutricionalmente, las zanahorias cuentan con una importante cantidad de carbohidratos, aunque apenas poseen calorías y no tienen grasa. Su mayor valor es el alto contenido en vitamina A (gracias a los carotenos, que son quienes le proporcionan el color). La mayor o menor cantidad de carotenos la indican la mayor o menor intensidad de su color rojo amarillento. Una zanahoria con mucha vitamina A depende del método de cultivo, el tiempo de recogida, el grado de madurez y el tipo de cocinado (no conviene cocerlas mucho porque la pierden).

La zanahoria se encuentra en el mercado durante todo el año. El período de siembra varía dependiendo de la región. En zonas del sur se siembra de enero a febrero para cosechar en verano. En el centro y norte, en los meses de marzo- abril para cosechar a fines de verano. Su conservación debe ser en cámara frigorífica entre 10 a 12 ºC, protegida de la luz

Las variedades más cultivadas son:

- La **roja corta precoz**, de raíz cónica.
- La **roja semilarga de Nantes**, rústica, cilíndrica y sin corazón.
- La **lisa de Milán**, larga cilíndrica, con un grosor medio y carente de corazón.

3. Nabo

Planta perteneciente a la familia de las crucíferas. Su cultivo se originó en Europa. Posee forma alargada o redonda de color amarillo pálido o blanco dependiendo de las especies. Su consumo ha disminuido en las últimas décadas, aunque en el norte de España se siguen usando sus hojas (nabizas) como ingrediente de algunas elaboraciones como el caldo gallego.

La calidad del nabo viene marcada por su firmeza. Deben encontrarse limpios, enteros, firmes, con piel fina y lisa; y sin arrugas. El color de su fruto debe ser muy claro, de un blanco crema brillante, el cuello debe ser rosado o un poco violeta. Las ramas deben ser verdes y crujientes.

El nabo se cultiva en toda España, aunque existen grandes plantaciones en Galicia y Asturias, Valencia, Cataluña y Murcia

Desde el punto de vista nutritivo, el nabo es muy rico en agua, azufre, potasio y azúcar.

Es una materia prima que se encuentra en los comercios durante todo el año, Los períodos de siembra son dos, de marzo a abril para cosechar de mayo a agosto y de julio a septiembre para cosechar en invierno. Debe conservarse igual que la zanahoria, en refrigeración y protegido de la luz solar.

Algunas variedades de nabo que se encuentran en el mercado son:

- **De raíz larga**: blanco duro de invierno, negro azucarado o blanco de croissy.
- **De raíz redonda o aplastada**: bola de nieve o globo blanco de cuello violeta

 **Saber más**

La palabra **hortaliza** deriva del latín, concretamente de *hortus* (huerto) y el sufijo -iza que significa semejanza o cualidad. La traducción que tendría más sentido es "planta comestible que se cultiva en el huerto".

---

4. Apionabo

Al igual que el nabo, pertenece a la familia de las umbelíferas. Su planta es muy parecida al apio, a excepción de la raíz que es muy gruesa, con forma de esfera y cubierta de pequeñas raíces secundarias. El color de su piel es marrón y su carne es entre blanca y amarilla, con una consistencia dura, compacta y muy olorosa. Las piezas que se consideran de más calidad son las que son totalmente esféricas. Deben comercializarse firmes, limpios, enteros sin abultamientos ni raíces secundarias.

Es apionabo es rico en fósforo y en cloruro de sodio y su consumo aporta pocas calorías.

Su cosecha se lleva a cabo de octubre a diciembre. Se suelen comercializar de septiembre a abril ya que su conservación es muy larga y sencilla. Debe almacenarse en locales ventilados a temperaturas entre 8 y 10 ºC

Las variedades más conocidas y comercializadas del apionabo son:

- **Mercado de Magdeburgo** de raíces redondas.
- **Gigante de Praga** de raíz alargada y muy gruesa.
- **De Verona** de raíz redonda y rugosa.

5. Remolacha

Esta hortaliza pertenece a la familia de las quenopodiáceas. Posee forma esférica y su carne es de color rojizo oscuro (cercano al carmesí) con círculos concéntricos en su interior y un sabor muy dulce. La remolacha que se usa en cocina es diferente a la que se usa para el azúcar y la destilería o a la destinada para la alimentación de animales.

Para escoger una remolacha de calidad las raíces deben ser regulares, lisas, de piel fina, limpias, de coloración homogénea y de tamaño regular para que su cocción también sea homogénea.

Desde el punto de vista nutricional apenas posee vitaminas, sin embargo, es la hortaliza más rica en hidratos de carbono y proteínas, sales minerales, hierro y calcio.

El cultivo más importante de la remolacha para el consumo en cocina, a nivel europeo) se encuentra en Francia e Italia. Esta hortaliza se encuentra todo el año en el mercado ya que en invierno se venden las que vienen del norte, centro y Levante y en verano las que proceden de Andalucía. Actualmente se comercializan, sobre todo, cocidas y envasadas al vacío.

Su conservación dependerá de la forma en que se haya adquirido:

- **Crudas** en cámara entre 8 y 10 ºC.

- **Cocidas** en cámara a un máximo de 3 ºC

Las variedades para el consumo culinario son: globo, roja precoz, plana de Egipto, plana roja sangre, Detroit, redonda roja.

 **Saber más**

La patata y el tomate no se conocían en España hasta la conquista de América en el SXVI. Se descubrieron en la zona de los Andes (Perú) y hasta nuestros días siguen siendo los alimentos más consumidos en nuestro país y en el mundo en general.

---

6. Rábano

Pertenece a familia de las crucíferas. El rábano se come crudo en ensaladas o como aperitivo. Su piel tiene un color rojo brillante en toda su superficie (en ocasiones con partes blancas) y su carne es de color blanco. Su sabor es ligeramente picante y muy fresco. Estimula el apetito, por lo que se usa fundamentalmente como aperitivo. Un rábano de calidad debe presentar sus hojas verdes y frescas, debe estar limpio y no debe contener arrugas en su piel. Nutricionalmente apenas aporta ningún tipo de valor.

Es aconsejable su consumo el día de su compra. Se tiene que conservar en cámara de 6 a 8 ºC.

El período óptimo de compra es de noviembre a junio. Las variedades consumidas en Europa son:

- **De raíz redonda**: saxa, redondo rojo de punta blanca y redondo rosa.
- **De raíz alargada**: candela de fuego, de raíz roja y alargada. largo asalmonado rosa.

Fig. 2. Los rábanos suelen tomarse como aperitivo o ingrediente en ensaladas

B. Hortalizas de brotes y flores

Aunque en este apartado las variedades son bastante más reducidas, aparte de las hortalizas que se van a explicar, habría que nombrar también algunos tipos como las flores de calabacín (que a veces se cocinan rellenas o rebozadas) o los **pensamientos** (en ensalada) también son destacables porque son comestibles.

1. Alcachofa

Se trata de una hortaliza de la familia de las asteráceas. Consta de una cabeza redonda, alargada o achatada, según la variedad y presenta hojas superpuestas de color verde claro que se van oscureciendo conforme envejecen. En su interior posee un corazón tierno y unos pelillos que son el germen de la flor. Una alcachofa de calidad debe estar cerrada, poseer un color verde brillante o violáceo dependiendo de la variedad y el pedúnculo debe estar terso. Es un alimento poco calórico, (como la mayoría de las hortalizas), diurético y una fuente importante de hierro y potasio

Se conservan en cámara de 10 a 12 ºC, no deben conservarse a temperaturas más bajas y deben guardarse alejadas de la luz.

Las alcachofas se encuentran en el mercado tanto frescas como en conserva al natural y están presentes desde octubre a junio. La producción española se puede centrar casi por completo en Alicante.

Las variedades más comunes son:

- Blanca de Tudela.
- Gruesa verde de Laón.
- Gruesa de Bretaña.
- Monquelina.
- Violete.

2. Col de Bruselas

Pertenece a la familia de las crucíferas, que es una variante de la familia de las coles. Estas coles son yemas que se consumen antes que desarrollen las hojas. De forma redonda se alinean a lo largo de un tronco. Tienen una tonalidad verde claro y sus hojas se desarrollan igual que las del repollo, pero con un tamaño mucho menor. Una col de Bruselas de calidad debe tener aspecto fresco y limpio, con las hojas bien cerradas y de un color verde claro sin hojas oscuras, ni amarillas. Nutricionalmente contiene pequeñas cantidades de vitaminas, azúcar, proteínas y minerales.

Se conserva en cámara de 8 a 10 ºC de 4 a 5 días. No aguanta mucho tiempo sin estropearse.

Las coles de Bruselas se comercializan en fresco, en conserva y congeladas. La época de comercialización en fresco es de octubre a abril.

Las variedades más conocidas son: Jade Cross, Sanda y Lunet.

3. Coliflor y brócoli

Ambas pertenecen a la familia de las crucíferas y se presentan en cabezuelas (especie de ramificaciones con hojas), en el caso de la coliflor son de color blanco y el brócoli es verde y, en ocasiones, violáceo. Tienen un sabor bastante parecido. Ambas deben presentar unas hojas exteriores verdes y tersas. Su interior debe estar terso, prieto y sin golpes, no deben tener coloraciones extrañas (en el caso del brócoli no debe tener zonas amarilleadas). Ambas son una fuente importante de potasio y el brócoli contiene mucho calcio y fósforo.

Su conservación se realiza en refrigeración entre 8 y 10 ºC y pueden llegar a aguantar, ambas hortalizas, aproximadamente 15 días.

Ambas hortalizas se encuentran en el mercado todo el año, aunque el brócoli es una hortaliza más de primavera e invierno y la coliflor suele recolectarse en invierno.

En España los principales puntos de producción son: Logroño, Valencia, Castellón, Murcia, Navarra y Toledo.

Las variedades más conocidas de ambas especies son:

- Brócoli de Agosto, de Santa Teresa, de Navidad y San Isidro, blanca de Roscoff y Esprouting, etc.
- Coliflor bola de nieve, kibo gigante, eureka, gigante de París etc. En España se cultiva la común.

Fig. 3. El brócoli cambia a un color amarillento cuando se estropea

4. Repollo

El repollo es otra crucífera, como las anteriores. Es redondo en ciertas variedades o en forma algo más alargada en otras, con hojas superpuestas y muy pegadas unas a otras. Cuando se adquiera debe tener un aspecto fresco, su punta debe ser redonda, voluminosa y apretada y sus hojas verdes. Nutricionalmente cuenta con pequeñas cantidades de azúcar, proteínas y minerales y gran contenido en vitamina C.

La lombarda es otro tipo de col de las mismas características que el repollo, solo se diferencia de él en su color violáceo con nervios de color blanco, es una verdura de invierno, aunque se encuentra en los mercados casi todo el año.

Tanto el repollo como la lombarda pueden aguantar en refrigeración entre 8 y 10 ºC aproximadamente una semana.

Se consume en las cuatro estaciones del año y se produce en prácticamente todo el país, pero las zonas de producción más importantes son: Valencia, Barcelona y Murcia. Las variedades más cultivadas son: blanco, vela, col de Milán y savoy king.

C. Hortalizas de fruto

Pertenecen básicamente a dos grandes familias de hortalizas, las solanáceas (berenjena, tomate y pimiento) y las cucurbitáceas (calabaza, calabacín y pepino).

1. Berenjena

De forma esférica y alargada, con una piel brillante de color morado principalmente. aunque es diferente dependiendo de la variedad (blancas, púrpuras, negras, amarillas y algunas con colores mezclados). En la parte superior cuenta con una especie de corona de hojas verdes espinosas. Su interior es carnoso con semillas blandas. Para que una berenjena sea de calidad, su piel debe estar tersa y brillante y sin golpes. Si se presiona no debe quedar marca ya que esto indica que está demasiado madura. Desde el punto de vista nutricional es poco calórica, aunque rica en potasio y calcio y pequeñas proporciones de vitaminas A, B y C.

Se conservan en cámara de 10 a 12 ºC algunos días, aunque para evitar que se deterioren no deben sufrir grandes cambios de temperatura.

Se encuentra en los mercados todo el año, aunque su época óptima es de mayo a enero. Los más importantes cultivos se encuentran a lo largo de todo el litoral mediterráneo.

Las variedades más cultivadas son: violeta larga, belleza negra y listada de Gandía.

2. Pepino

De forma alargada y redondeado en la punta con una corteza de color verde oscuro que va aclarándose hacia la punta. Su piel no es lisa, sino que está salpicada de pequeñas "espinas" o abultamientos. Desde el punto de vista de la calidad deben presentar una forma regular, cilíndrica, tersa y de color homogéneo. Aporta pequeñas cantidades de vitamina C, por lo que no tiene demasiado interés nutritivo. Es diurético, pero si se come en exceso es muy indigesto.

Se conserva en cámara de 6 a 8 °C. Las temperaturas inferiores a 6 °C no las aguanta bien por lo que puede deteriorarse.

Aunque su temporada de cosecha es el verano, se puede encontrar todo el año en los mercados. Las principales producciones se encuentran en Valencia y Andalucía.

Las variedades más cultivadas son: marketer, triumph, gemini y belcanto. Existen otras variedades que se exportan, de tamaño más largo y sin semillas, cresta, picador, pica y fertina.

---

3. Calabacín

Es un fruto de forma cilíndrica y alargada. Su tamaño ideal de consumo no debe superar los 20 centímetros, pero puede adquirir tamaños mucho más grandes, que generalmente son piezas más secas y con mayor número de pepitas en su interior. Su piel es de color verde claro u oscuro a veces con estrías. Su pulpa es jugosa y clara con pepitas blandas que casi no se notan. Un calabacín de calidad debe tener un aspecto exterior similar al pepino, sin golpes, arañazos, con un color homogéneo y terso. Nutricionalmente cuenta con cantidades significativas de vitaminas B6, riboflavina, ácido fólico, C y K, y minerales, como potasio y manganeso. Se compone principalmente de agua y fibra.

Su forma de conservación es similar a la del pepino, debe estar aproximadamente en refrigeración entre 6 y 8 °C.

En el mercado el calabacín se encuentra todo el año gracias a la producción de invernaderos, al igual que el tomate o el pimiento, aunque es una fruta de primavera-verano. Las principales producciones se encuentran en Levante y la parte oriental de Andalucía, principalmente en la provincia de Almería.

Las variedades más cultivadas son: blanco precoz, black beauty, verde perfección belleza negra, verde hortelano, pequeño de algar o reina de las negras.

 **Saber más**

Tanto la berenjena como el pepino pudieron cultivarse originariamente en la india hace alrededor de 3000 años.

---

4. Tomate

Es un fruto que puede adquirir numerosas formas dependiendo de la variedad. Puede ser redondeado o semiesférico y con estrías, de pera (alargado) o de tamaño pequeño, completamente redondo (variedad cherry o cereza). Su color es rojo intenso cuando está maduro, en su interior posee varios compartimentos rellenos de semillas y una pulpa muy jugosa. Un tomate de calidad cuenta con una piel tersa, carente de manchas. Dependiendo de su utilización tendrán más o menos nivel de madurez. Es una hortaliza rica en agua y contiene tiene bastantes vitaminas: A, B, C. también es diurético y laxante. Como la piel es bastante difícil de digerir es recomendable quitarla sobre todo si se va a cocinar.

Se conservan en cámara de refrigeración, sin amontonar y al abrigo de la luz.

Es una pieza que se encuentra en el mercado todo el año, pero se cultiva más en verano. La producción se extiende por toda España, pero sobre todo por el litoral mediterráneo y Andalucía sobre todo Almería y también Canarias.

En general caben distinguir dos tipos de tomates, el surcado y el liso; las variedades más conocidas son: marrado, muchamiel, balion rouge, super marmade, monneymaker, pyros y en Canarias, all round moss y stonnors. Otro mercado de gran importancia es América del Sur.

5. Pimiento

Los pimientos, tanto dulces como picantes, pueden ser de tres colores distintos (rojo, verde y amarillo). Existen también diferentes variedades que son distintas en cuanto a su forma. El pimiento italiano, por ejemplo, es alargado, estrecho y acaba en punta. Su piel es fina. El pimiento morrón es más carnoso, grueso y achatado. Existen también otras variedades de menor tamaño como los pimientos de Padrón. Todos son huecos en su interior con semillas y al madurar se vuelven rojos y en algunos casos amarillos. También existen variedades picantes como la guindilla, los chiles. En el momento que se secan se muelen para obtener la cayena o pimienta roja. Los pimientos de calidad son firmes de forma regular, con la piel lisa, brillantes y sin manchas. El pedúnculo debe verse fresco y con el corte reciente. Es un alimento cuyo contenido principal es el agua, pero es una fuente de vitamina A y C.

Se conservan en refrigeración entre 10 y 12 ºC, evitando los cambios bruscos de temperatura.

Se encuentran en los mercados todo el año debido a los cultivos de invernadero de Almería, Canarias y Málaga. El resto del año se producen en casi todas las regiones.

La variedades más conocidas y comercializadas son las siguientes:

- **Dulces**: morrón de conserva, majerano, california wonder, dulce de españa, esterel y marconi.
- **Picantes**: hungarian yellow wax hot, cuerno de china, cayenne y común largo rojo.

Fig. 4. Las guindillas se utilizan para condimentar algunas elaboraciones

6. Calabaza

Es una hortaliza con infinidad de variedades. Posee una corteza muy gruesa, una carne jugosa y un corazón lleno de pipas (que también se usan en alimentación). El color de la corteza varía mucho pero su interior es generalmente naranja o amarillo. Cabe destacar para uso de pastelería la calabaza de cidra, que sirve para elaborar el cabello de ángel. Es una fuente importante de potasio.

Se trata de una hortaliza que, dentro de su piel, aguanta muy bien los cambios de temperatura y en ocasiones puede conservarse en un lugar fresco y seco sin necesidad de refrigeración. Una vez pelada sí debe estar refrigerada.

El cultivo se encuentra extendido en toda España y se puede adquirir en los mercados todo el año. Su mejor época es de abril a diciembre. Los principales productores son: Valencia, Murcia y Alicante.

Existen unas variedades comestibles y otras no. Dentro de las comestibles cabe destacar: verde de España, roja fuerte de Etampes, mammuth, amarilla gruesa de París, americana etc.

D. Hortalizas de hoja

Por hortalizas de hoja se entiende aquellas hortalizas que cuentan tanto con la lámina como con el peciolo. A continuación, se explican algunas de las que se utilizan en cocina, aunque hay muchos más tipos como el cebollino, los berros o los canónigos, pero se han omitido porque el punto se haría muy extenso.

1. Acelga

Esta hortaliza pertenece a la familia de las quenopodiáceas y se agrupa dentro de la misma especie que la remolacha. Una acelga de calidad presenta hojas verdes, firmes y ligeramente húmedas. Su textura debe ser crujiente y sus tallos blancos y limpios. Nutricionalmente es una importante fuente de potasio y vitamina C.

Es aconsejable consumirla el día que se compra, pero puede conservarse en cámara entre 6 y 8 ºC. Se guardarán limpias y tapadas con un trapo húmedo para que no pierdan su frescura.

Se encuentra en los mercados todo el año, aunque su época es de otoño a primavera. Se cultiva en el norte, este y centro de la península.

Las variedades que más se cultivan son las que tienen la penca más desarrollada: la verde de penca blanca, amarilla de Lyon, la verde común, blanca de Lyon y la verde rizada.

2. Escarola

Pertenece a la familia de las asteráceas, como la alcachofa. La primera diferencia entre las variedades de escarola es la fisonomía de sus hojas. Unas son de hoja ancha y las otras de hoja rizada. Las de hoja ancha tienen un cogollo con mucho volumen y unas hojas externas de color verde. Las de hojas rizada las tienen de color amarillo y sus tallos son bastante tiernos. Una escarola apta para el consumo debe estar limpia, fresca, limpia de hojas con mal aspecto o tierra y ligeramente húmeda. Las hojas deben estar tersas y enteras, verdes en su exterior y amarillas en el interior. Es una hortaliza rica en vitamina A y potasio.

Pueden conservarse poco tiempo en la cámara (48 horas) entre 6 y 8 ºC. Limpias, y escurridas aguantan varios días en recipientes herméticamente cerrados.

Aunque la escarola es una hortaliza de invierno, su temporada de recolección y óptimo consumo se da de septiembre a abril. Las regiones de Levante producen gran cantidad que normalmente dedican a la exportación y las regiones de Badajoz, Granada y Toledo al consumo español.

Las variedades más utilizadas son:

- **Hoja ancha**: doble gigante hortelana, malan, brevo, full heart y rubia con corazón lleno.

- **Hoja rizada**: ruffec, fina de Louviers, rizada de Meaux, san Lorenzo y walionne.

Fig. 5. La escarola es muy utilizada para hacer ensaladas

3. Espinaca

Pertenece a la familia de las amarantáceas. Sus hojas de color verde brotan de un tallo ramificado que depende de una raíz de color morado. Como ocurre con otras hortalizas, en función de la variedad sus hojas son distintas. Unas son grandes y lisas, otras rizadas, otras estrechas y arrugadas etc. Unas espinacas de calidad presentan hojas de color verde brillante, se encuentran enteras, sin apenas manipulación, y deben tener menor proporción de tallo que de hojas. La espinaca es uno de los vegetales de mayor riqueza vitamínica ya que cuenta con un alto contenido en Vitaminas A, B y C además de hierro. Su forma de conservación es muy parecida a la de las acelgas.

Es una hortaliza de invierno, aunque se puede encontrar en los mercados todo el año. Su mejor época de consumo es de octubre a marzo. En España el cultivo de espinacas está muy difundido en todas las comunidades autónomas.

Las variedades más conocidas son:

- **Gigante de invierno** de hojas largas de color verde oscuro y tallo voluminoso.
- **Gigante de verano** con hojas carnosas compactas de color verde oscuro.
- **Monstruosa de Viroflay** de hojas grandes, estilizadas, de un color verde claro.
- **Matador**.

Importante

La lechuga también se considera una hortaliza de hoja, cuya aplicación gastronómica fundamental es ser la base de la mayoría de las ensaladas. Al tratarse de una planta con propiedades calmantes recibe su nombre de la raíz latina "lac" que significa leche por la presencia de látex en sus tejidos.

E. Hortalizas de bulbo

En estas hortalizas, la parte del tallo se engrosa y forma un abultamiento donde se acumulan grupos de nutrientes que sirven de reserva para las plantas. Son los bulbos formados por estas plantas las que se utilizan para el consumo. Aparte de las hortalizas que se van a nombrar aquí también cabe destacar el **puerro**, que es muy similar en sabor a hortalizas como la cebolleta, muy suave y que se utiliza mucho en la cocina.

1. Ajo

El ajo pertenece a la familia de las liliáceas. Desde el punto de vista culinario se considera más un condimento que un alimento como tal. Es un bulbo redondeado formado por varios dientes unidos entre sí, con una piel de un tono grisáceo que se retira dejando al descubierto los dientes de un color blanco marfil. Los bulbos considerados de calidad deben ser gordos con los dientes apretados, secos y brillantes. Estos no deben estar sueltos, ni faltarles ninguna pieza. Tampoco deben estar golpeados, ni contener germinaciones.

Es una hortaliza con propiedades medicinales. Es estimulante, disminuye la tensión arterial, tiene propiedades diuréticas, antiespasmódicas. Consumido en fresco cuenta con un gran poder desinfectante.

La producción de ajo en España es muy importante por lo que se encuentra en los mercados todo el año. El cultivo está muy repartido por toda la geografía, pero los más famosos son los de Pedroñeras, una localidad de la provincia de Albacete. El ajo tierno es la planta joven y se suele comercializar a finales de invierno y principios de primavera.

Conviene conservarlos a temperatura ambiente entre 15 y 18 ºC como máximo, en una zona seca, aireada y oscura, sin grandes cambios de temperatura. Sobre todo, en primavera conviene no almacenar gran cantidad ya que el riesgo de que puedan germinar es mayor.

Existen dos variedades muy consumidas: el ajo blanco común de fácil conservación en seco y el ajo rosa, apto para consumo en fresco.

Fig. 6. Ajos tiernos

2. Cebolla, cebolleta y chalota

Las tres hortalizas, al igual que el ajo, pertenecen a la familia de las liliáceas. Tienen forma de globo, que puede alargarse o redondearse y pueden ser de color blanco, amarillo o morado en su exterior, con un interior de un color blanco traslucido o mezclado con vetas rojizas. Un bulbo no es una raíz si no un engrosamiento del tallo que va formando capas concéntricas perfectamente separadas unas de otras. Se utiliza bien como parte de la condimentación o como ingrediente. Tanto la cebolla como la cebolleta o la chalota para su óptimo consumo deben estar bien secas y brillantes, prietas y sin golpear. Estas hortalizas cuentan con escaso contenido vitamínico, pero se les atribuyen propiedades antisépticas.

La cebolla es un fruto de sabor picante, con un toque dulce, la esencia sulfurada que contiene provoca un lagrimeo y un sabor persistente en el aliento después de ser consumida. La cebolleta es aún más dulce y la chalota tiene un sabor más suave y delicado

Se conservan en local seco, bien aireado al abrigo de los insectos y roedores. Conviene tener cuidado, sobre todo en primavera, de no almacenar gran cantidad por el peligro de germinación. La cebolleta, la contener más agua y ser más fresca, conviene conservarla refrigerada. Una vez que se les ha eliminado su capa externa y se han cortado, se pueden envolver con papel film o recipiente tapado y guardarlas en el frigorífico e incluso congelarse (ya sean cebollas, cebolletas o chalotas).

La cebolla se encuentra en el mercado todo el año, sin embargo, la cebolleta es más propia del otoño-invierno y la chalota de la primavera

Las variedades de cebolla que más se utilizan son las siguientes:

- **Blanca de París**, de bulbo blanco con la capa exterior plateada.
- **Valencia temprana**, cuya capa exterior es dorada.
- **Sangre de buey o roja de agosto,** de color morado.
- **Amarilla achatada,** de gran tamaño.
- **Valenciana blanca,** con su capa externa en tono cobrizo.
- **Roja pálida de Niort,** de color violeta pálido.
- **Roja o morada de Zulla,** de color blanco con capas exteriores entre tonalidad roja y cobre.

De chalota existen dos variedades: la chalota gris y la chalota roja.

F. Hortalizas de tallo

En esta clasificación pueden incluirse variedades como el cardo o los brotes de bambú o los tallos de la acelga, pero el estudio se va a centrar en la hortaliza que más se consume que es el apio.

El apio pertenece a la familia de las umbelíferas. Es un tallo largo formado por estrías y hueco unidos por un tallo (llamado penca) y hojas en su extremo. Debe encontrarse firme y sin coloraciones extrañas para su consumo. Cuenta con propiedades saciantes y diuréticas y es una fuente de ácido fólico y vitaminas B y K

Su forma de conservación es similar a la de las hortalizas de hoja, debe estar refrigerado y puede aguantar una semana sin estropearse en una zona húmeda de la cámara frigorífica.

Las producciones españolas proceden del mediterráneo, pero el mayor cultivo se encuentra en Europa, Grecia; Italia, Alemania, Francia y Holanda.

Existen dos variedades:

- **Color verde**: blanco de américa, tall utha, verde lleno de pascua y vert d'Eine.
- **Color dorado**: lleno blanco, dorado barbier, pascal, charteris etc.

Fig. 7. Elaboración con brotes de bambú

G. Hortalizas de rizoma

Los rizomas son tallos subterráneos de los que parten raíces y yemas que crecen horizontalmente. Las hortalizas de este tipo más conocidas son los espárragos y las endibias.

1. Espárrago

Pertenece a la familia de las liliáceas. Su estructura está formada por tallos aéreos compuestos de ramas y una parte subterránea constituida por raíces y yemas. Según el color los espárragos deben presentar un aspecto fresco, limpio y brillantes. Los tallos deben estar rectos y sin imperfecciones, las yemas prietas y sin síntomas de germinación. Aunque no cuenta con muchas calorías es una fuente importante de calcio y potasio.

Su presencia en el mercado en fresco dura muy poco Desde marzo hasta mayo. En España los mayores productores son: Navarra, Logroño, Zaragoza, Huesca, Madrid, Cáceres y Toledo, teniendo gran fama los de Aranjuez. En el caso de los espárragos trigueros el cultivo se realiza de forma más intensiva en Andalucía, Extremadura y Murcia.

Se conservan en cámara de 6 a 8 ºC cubiertos con film plástico o con un trapo húmedo. Los espárragos cocidos de antemano refrescados y refrigerados pierden gran cantidad de su sabor.

Existen tres variedades de espárragos: blancos, morados y verdes. Los de color blanco carecen de color porque se encuentran completamente bajo tierra hasta su recolección. Los morados son los que se les deja emerger la punta, estos son los más amargos en cuanto a sabor. Existe otro tipo que se denomina triguero o amargo que crece en estado salvaje, es más fino en su tallo y más verde (ya que recibe luz); de sabor amargo, como el morado. Pueden recolectarse entre noviembre y marzo.

Las variedades más cultivadas son: violeta de Holanda, espárrago de Aranjuez, de Tudela y largo de Calahorra.

2. Endibia

Pertenece a la familia de las asteráceas o compuestas. Se compone de una serie de hojas superpuestas de color blanco en su base y amarillo en sus puntas. En general su sabor tiende a dulce, pero cuenta con un ligero toque amargo debido a compuestos químicos que contiene.

La endibia de calidad presenta forma oblonga, hojas prietas y cerradas sobre todo en el extremo superior. Su color debe ser uniforme y blanco (ya que no se exponen a la luz). Nutricionalmente aporta poco, pero es una fuente importante de magnesio.
Se conservan en cámara de 8 a 10 ºC en su caja de origen, herméticamente cerrada y en la oscuridad. Si se las expone en exceso a la luz, sus hojas pierden textura, se arrugan adquieren un color verdoso pálido y les aumenta el amargor, resultando desagradable al paladar.

El período mejor de compra es de noviembre a marzo, aunque ciertas variedades se encuentran todo el año.

Las variedades de mayor calidad son: witloof precoz, gruesa raíz witloof, evere, wolfero.

Importante

Las endibias se cultivan desde hace relativamente poco tiempo. En el siglo XIX un campesino de Evere, un pueblo cercano a Bruselas, se dio cuenta que las raíces de achicoria salvajes, abandonadas a la oscuridad y al calor habían producido unos brotes alargados con hojas amarillas que eran comestibles. Posteriormente, un botánico belga, llamado Brezier mejoró la especie y consiguió la que se cultiva en la actualidad.

1.3. Tamaño

A continuación, se realiza una referencia general sobre los tamaños promedio de las hortalizas. Hay que tener en cuenta que los tamaños pueden variar según la variedad, condiciones de cultivo, y madurez de la planta:

Tipo de hortaliza	Tamaño
Raíces	• **Patata:** 5-10 cm de largo y 3-7 cm de diámetro, dependiendo de la variedad. • **Zanahoria:** 15-20 cm de largo y 2-4 cm de diámetro. • **Nabo:** 5-10 cm de diámetro. • **Apionabo:** 10-15 cm de diámetro. • **Remolacha:** 5-10 cm de diámetro. • **Rábano:** 2-5 cm de diámetro.
Brotes y flores	• **Alcachofa:** 7-15 cm de diámetro. • **Col de Bruselas:** 2-4 cm de diámetro (por brote individual). • **Coliflor:** 15-30 cm de diámetro. • **Brócoli:** 10-20 cm de diámetro. • **Repollo:** 15-25 cm de diámetro.
Frutos	• **Berenjena:** 10-30 cm de largo y 5-10 cm de diámetro. • **Pepino:** 15-30 cm de largo y 3-5 cm de diámetro. • **Calabacín:** 15-30 cm de largo y 4-7 cm de diámetro. • **Tomate:** 3-12 cm de diámetro, según la variedad. • **Pimiento:** 7-15 cm de largo y 5-10 cm de diámetro. • **Calabaza:** 20-60 cm de diámetro, aunque varía mucho.
Hojas	• **Acelga:** 30-60 cm de largo (incluyendo el tallo). • **Escarola:** 20-30 cm de diámetro (tamaño de la roseta). • **Espinaca:** 10-20 cm de largo por hoja.
Bulbos	• **Ajo:** 3-6 cm de diámetro. • **Cebolla:** 5-10 cm de diámetro. • **Chalota:** 2-4 cm de diámetro. • **Cebolleta:** 1-3 cm de diámetro (parte del bulbo) y 15-30 cm de largo (con hojas).
Tallos	• **Cardo:** 30-70 cm de largo y 5-10 cm de ancho. • **Apio:** 30-40 cm de largo y 2-4 cm de ancho por tallo.
Rizomas	• **Espárrago: 15-25 cm de largo y 1-2 cm de diámetro.** • **Endibia:** 10-15 cm de largo y 3-5 cm de diámetro.

1.4. Presentaciones en el mercado

La comercialización de las hortalizas esta reglamentada por la Unión Europea dicha reglamentación es la que regula el etiquetado de las mismas. En las etiquetas de los productos deben aparecer, entre otras, las siguientes características:

- Nombre del producto y variedad.
- Procedencia.
- Categoría comercial en función de la calidad.
- Calibre.
- Cantidad (en unidades o peso).
- En ocasiones la empresa encargada de su empaquetado.

La **venta minorista** (comercios, supermercados e hipermercados) puede presentarse en envases de origen en los que se deberán encontrar las siguientes especificaciones:

- Denominación del producto
- Categoría comercial
- Variedad y calibre
- Peso Neto
- Precio por kilo
- Precio venta

Si la **venta se realiza a granel**, esta deberá tener las mercancías separadas y organizadas por variedad y calibre. También contarán con un cartel visible en el que se especifique la denominación del producto, su categoría comercial, variedad y calibre y precio de venta.

Las hortalizas pueden comercializarse en crudo, envasadas en cristal o lata y cocidas previamente además de envasadas al vacío o en atmósfera protectora.

Fig. 8. Espárragos trigueros al natural

2. Conocimiento de la preelaboración y cortes de cada hortaliza

Las hortalizas, antes de su cocinado, deben someterse a un proceso de preelaboración que incluye un lavado escrupuloso para eliminar los restos puedan traer del cultivo o las empresas de envasado y manipulación. Seguidamente se les realiza un pelado y troceado o corte que se elaborará de manera distinta en función de la naturaleza o la forma de cocinado del producto.

2.1. Preelaboración de hortalizas

La preelaboración es un grupo de acciones realizadas antes del cocinado, cuyo propósito es mejorar, tanto el sabor como la presentación final del plato.

A. Lavado

En esta parte de la preelaboración hay que retirar los posibles restos de tierra, insectos, pesticidas u otros productos químicos para poder consumirse después en crudo o elaboradas.

Para el consumo en crudo es conveniente seguir estas indicaciones:

- Cortar en el tamaño idóneo para la limpieza.
- Lavar en agua fría abundante y unas gotas de hipoclorito sódico.
- Escurrir.
- Lavar en agua fría abundante para aclarar los posibles restos de hipoclorito sódico.
- Repetir esta acción varias veces.
- Reservar en agua hasta el momento de su aplicación en la que se escurrirá de forma que permanezca la menor cantidad de agua.

Si la hortaliza se va a **consumir elaborada** hay que lavar enérgicamente con ayuda de un cepillo en agua abundante para quitar restos de arena y pesticidas y a continuación secar.

B. Limpieza hermoseado y pelado

Esta parte del proceso consiste en eliminar aquellos elementos innecesarios en la presentación de un plato. En hortalizas de hojas, por ejemplo, se corta el tallo por la parte inferior y se reservan las hojas. En el caso de hortalizas como la coliflor se les despoja de sus troncos.

Cuando se trata de hortalizas en crudo hay que retirar la piel de la hortaliza con un cuchillo pelador o puntilla y lavar en abundante agua fría. Si se trata de hortalizas que van a cocinarse se retira la piel de la hortaliza con una puntilla y se le realiza un escaldado previo (en caso de necesitarlo). A continuación, se corta en función de cómo se va a utilizar.

Fig. 9. Existen distintos tipos de corte en las hortalizas

C. Escaldado

Se realiza con algunas hortalizas sumergiéndolas en agua hirviendo durante poco tiempo para su posterior utilización. El proceso de escaldado es el siguiente:

1. Llevar a ebullición agua suficiente para cubrir el género.
2. Hacer una pequeña incisión en la hortaliza.
3. Sumergir la hortaliza en el agua hirviendo durante unos instantes.
4. Enfriar rápidamente en agua e incluso agua con hielo.
5. Escurrir.
6. Pelar para posterior utilización.

Proceso

La **fermentación es una preelaboración** que transforma orgánicamente el alimento (generalmente las distintas variedades de col). Únicamente se realiza para determinadas elaboraciones de vegetales como el choucrut o kimchi. Se introduce la hortaliza limpia en un tarro de cristal y en ocasiones se le añade vinagre y aromáticos. Se deja durante 15 días reposando en un lugar fresco y seco. Después se añade a las elaboraciones que se desee.

D. Blanqueado

Este proceso de preelaboración consiste en añadir la hortaliza en un recipiente y llevarlo a ebullición e incluso realizarle una media cocción (entre 5 y 7 minutos), para ablandar, quitar impurezas, mal sabor, mal color, etc. Se utiliza tanto para su cocinado final como para su conservación (congelación principalmente) tras su refrescado. A algunas hortalizas como la coliflor y el repollo se les elimina el mal olor mediante el blanqueado. El apio braseado también se ablanda con la técnica del blanqueado.

Proceso

El desangrado es una preelaboración que se realiza a la berenjena. Se le extrae el amargor mediante la pérdida de jugos. Para ello tiene que salarse una vez cortada y dejarla reposar una media hora. Después se seca y se introduce en leche hasta su utilización.

3. Conocimiento de la preparación de las hortalizas según las características de estas

La preparación de las hortalizas varía según sus características, como su textura, contenido de agua, sabor y valor nutricional. Aquí tienes algunos aspectos clave para su preparación según estas características:

- **Hortalizas de hoja verde (como espinacas, acelgas y lechugas):** son suaves, de alto contenido de agua, y tienen una textura delicada.

  Se suelen consumir crudas en ensaladas o cocidas ligeramente (al vapor o salteadas) para conservar sus nutrientes. No requieren tiempos de cocción largos.

- **Hortalizas de raíz (como zanahorias, remolachas y rábanos):** son densas, de textura dura, y suelen ser dulces.

  Generalmente se pelan antes de cocinarse. Pueden cocerse al vapor, asarse, hervirse o freírse. La cocción suele ablandarlas, mejorando su digestibilidad y liberando su sabor dulce natural.

- **Hortalizas de fruto (como tomates, pepinos, calabacines y berenjenas):** contienen mucha agua, lo que les da una textura jugosa y refrescante.

Los tomates y pepinos suelen consumirse crudos, mientras que otros, como el calabacín y la berenjena, se cocinan. Pueden asarse, freírse o prepararse al vapor. Es importante no sobrecocinarlas para que no pierdan su textura.

Fig. 10. Las berenjenas se cosechan de junio a octubre

- **Hortalizas de bulbo (como cebollas, ajos y puerros):** tienen un sabor fuerte y aromático, y suelen usarse como base en muchas preparaciones.

  Se pueden picar y saltear, asar o cocinar lentamente para suavizar su sabor. Al cocinarlas a fuego lento, liberan sus azúcares naturales, dándoles un sabor dulce y suave.

- **Hortalizas de tallo (como el apio, el espárrago y los brotes de bambú):** son crujientes y fibrosas.

  Se pueden consumir crudas, en ensaladas, o ligeramente cocidas. Cocinarlas al vapor o saltearlas es ideal para conservar su textura y nutrientes.

- **Hortalizas de flor (como el brócoli, coliflor y alcachofa):** textura firme pero tierna cuando están bien cocidas.

  Normalmente se cocinan al vapor, se asan o se saltean. Cocinarlas demasiado puede hacerlas blandas y alterar su sabor, así que es preferible una cocción rápida.

4. Identificación de las aplicaciones culinarias según la característica de la hortaliza

Las hortalizas son materias primas muy versátiles que admiten infinidad de aplicaciones culinarias. Seguidamente se van a explicar los tratamientos culinarios más comunes que se les realizan.

A. Hervido

Cocción total de la hortaliza tras sumergirla en un líquido que se encuentra en ebullición. Es el método más extendido para el cocinado de hortalizas, pero tiene el inconveniente de la pérdida de sales minerales en el agua, aunque se quedan en el líquido, por lo que esta puede utilizarse como caldo de cocción para la confección de sopas, cremas, fondos o menestras.

Si se cuece con mucha agua y de forma rápida la hortaliza no pierde demasiado su color y consistencia. Si la cocción se hace en poca cantidad de agua puede conservar sus nutrientes, pero pierde color y no se cuece de manera uniforme. Siempre que sea posible, las hortalizas deben cocerse enteras o en trozos los más grandes posibles ya que de esta forma también se evita la pérdida de nutrientes. La cocción se utiliza normalmente para hortalizas de hoja, aunque todas las hortalizas admiten este método de cocinado. La cantidad de sal en el agua de cocción será inversamente proporcional al tiempo de cocción.

- Las **hortalizas blancas** (coliflor, endibias, alcachofas, etc.). Conviene que se cuezan en caldo blanco (mezcla de agua, harina y zumo de limón) para evitar que pierdan parte de sus vitaminas. También hay que añadirles sal suficiente para que no pierdan nutrientes.
- Las **hortalizas verdes** no deben cocerse en medio ácido ya que perderían su pigmentación por lo que se aconseja añadir bicarbonato para regular el ph. Se les añadirá la sal necesaria para que tengan cierto sabor.

B. A vapor

Esta forma de cocinado hace que el resultado final de las elaboraciones sea de un mayor poder nutritivo y las convierte en más digestivas para el organismo. Las hortalizas al vapor pueden cocinarse de tres formas diferentes:

- **Sin agua**: gracias al calor, las propias hortalizas desprenden su agua, que generará el vapor necesario para el reblandecimiento de sus fibras.
- **Con agua**: se añade agua en el fondo de un recipiente que contiene una vaporera y esta no llega a estar en contacto con la hortaliza.
- **A presión:** se utiliza poca agua porque apenas hay evaporación de agua y el tiempo de cocción es menor.

Fig. 11. Vaporera de bambú

C. Braseado

En esta técnica la hortaliza se cocina a fuego lento, con poco líquido (agua, fondos, vino blanco o tinto, salsa de tomate, nata, etc.), y utilizando cierta cantidad de grasa. Para que el alimento se cocine bien es necesario que el recipiente utilizado para la cocción esté tapado. En el caso de que se trate de hortalizas de mayor dureza habrá que realizarles una cocción rápida previamente (blanqueado).

D. Frito

Consiste en sumergir las hortalizas en gran cantidad de materia grasa (generalmente aceite o manteca) muy caliente. Gracias a ello se produce una solidificación de la superficie, ya que se forma una película aislante que impide la penetración de grasa al interior.

Normalmente se realizan en hortalizas de frutos (berenjenas, pimientos, calabacines, etc.).

- **Al natural**: es decir, sin recubrimiento previo. Un ejemplo serían las patatas fritas.
- **Enharinadas**: recubiertas solo por harina.
- **Rebozadas**: recubiertas de harina y huevo.
- **Empanadas**: recubiertas de harina, huevo y pan rallado. Hay muchas formas de empanar.
- **Pasta de freír**: al rebozado se le añade algún liquido como agua o cerveza.

 Importante

Existen pastas de freír muy apropiadas para los vegetales como la tempura. Es una mezcla de harina de trigo y maíz en diferentes proporciones a la que se añade agua muy fría. También se le añade yema de huevo, sal y azúcar. Las verduras quedan muy crujientes y jugosas.

4.1. Aplicaciones de las hortalizas

Las principales aplicaciones de las hortalizas son las siguientes:

- **Rehogado y salteado**: esta técnica se hace en poca grasa, generalmente aceite de oliva. Los métodos son distintos ya que el primero se realiza con el fuego lento y el recipiente tapado, y el segundo con el fuego fuerte, destapado y, normalmente, precisa una elaboración anterior (blanqueado o hervido).

- **Gratinado**: necesita un cocinado anterior (generalmente cocido o al vapor), para terminarlo con un tueste superficial.

- **Glaseado**: al igual que el gratinado, previamente la hortaliza debe cocinarse. Se le dota de un dorado superficial con una salsa rica en yemas o mantequilla, o ambas.
- **Asado**: en este caso el alimento se prepara en el horno o parrilla, con poca cantidad de grasa, de forma que queda dorado en su exterior. Una hortaliza que queda muy bien asada al horno son los pimientos, que luego pueden servir para realizar una ensaladilla.

5. Conocimiento y realización de presentaciones a base de hortalizas

Hay distintas presentaciones a base de hortalizas, vamos a verlas todas.

5.1. Presentaciones a base de hortalizas

A. Ensaladas

La ensalada es una composición de ingredientes de diverso origen (legumbres, cereales, pasta, frutos, aves, pescados y carnes, cocinados o crudos; cuya base son las hortalizas (crudas o cocinadas) y que se sazonan con una mezcla de elementos grasos y ácidos (aceite, nata, vinagre, zumo de limón).

Son elaboraciones ricas en vitaminas, proteínas, sales minerales, etc., cuyo aporte calórico viene marcado por la cantidad de grasa utilizada en el sazonamiento y el tipo de ingredientes utilizados.

Las ensaladas pueden clasificarse en tres grandes grupos:

- **Ensaladas simples**: se componen de un elemento principal (crudo o cocinado) y un aderezo frío. Se utilizan como entrante o guarnición de carnes a la parrilla o asados. Se suelen elaborar con hortalizas de hoja (canónigos, espinacas baby, etc.) u hortalizas cocinadas (ensalada de pimientos asados).

- **Ensaladas compuestas**: Pueden estar compuestas de diversos elementos: hortalizas crudas o cocinadas, pasta, arroz, carnes, embutidos, pescados, quesos, hierbas aromáticas, etc. Se componen de **tres elementos**: uno principal que es quien da nombre a la ensalada, otro secundario (que sirve para aromatizar y dar color) y la salsa de acompañamiento (vinagreta, nata, mostaza, salsa con finas hierbas, etc.).

- **Ensaladas templadas**: mezclan en su composición elementos cocinados calientes, con otros crudos y fríos. Dentro de este apartado pueden mencionarse las ensaladillas que se componen de hortalizas harinosas cocidas como patatas, zanahorias, guisantes, y se aderezan con salsas como la mahonesa. Pueden llevar pescados cocidos, mariscos cocidos, escabeches, etc. Un ejemplo muy conocido de ensalada templada es la ensaladilla rusa.

Fig. 12. Ensalada compuesta de canónigos y garbanzos aderezada con yogur

B. Hortalizas hervidas

Se va a explicar el proceso de hervido de una hortaliza blanca como es la alcachofa y de una verde como son los espárragos.

1. Alcachofas hervidas

Como se ha dicho con anterioridad algunas hortalizas necesitan cocerse en caldo blanco.

El proceso es el siguiente:

- Pelar y hermosear las alcachofas cortando el tronco por la base e introduciendo la puntilla por las hojas interiores para formar un cubilete con la alcachofa. Después cortar las puntas casi por la mitad; vaciar la pelusa interior con una cucharilla.
- Frotar con limón.
- Introducir en agua con algún ácido.
- Preparar el caldo blanco: por cada litro de agua usar 10 gramos de harina de media fuerza, 100 mililitros de limón, 5 gramos de sal.

- Cocer aproximadamente 45 minutos (dependerá de la dureza del producto) evitando que las alcachofas floten para que no estén en contacto con el aire y así evitar la oxidación.
- Dejar enfriar dentro del propio líquido hasta su posterior utilización.
- Las alcachofas deben quedar cocidas completamente, aunque puedan terminar su cocinado con otra técnica culinaria.

Estas alcachofas pueden utilizarse como guarnición de alguna carne, por ejemplo.

Fig. 13. Las alcachofas necesitan cocerse con limón para no oxidarse

---

2. Espárragos hervidos

Los espárragos hervidos pueden servir como acompañamiento de alguna proteína (carne o pescado). Su proceso de elaboración es el siguiente:

1. Quitar la parte dura del tronco (se podrá pelar si se requiere).
2. Introducir en abundante agua hirviendo con sal (y una pizca de bicarbonato) en el momento de echar la hortaliza.
3. Hervir uniformemente, con el recipiente destapado y el tiempo imprescindible.
4. Refrescar bajo un chorro de agua fría en el que se debe reservar hasta su posterior utilización. El resultado debe ser de una hortaliza "al dente".

Proceso

Los espárragos, una vez hervidos pueden cocinarse con la técnica del **glaseado**. Se cubren con salsa holandesa, por ejemplo y se tuestan en una salamandra. Adquirirán un tono dorado superficial en la salsa y los espárragos quedarán templados

C. Hortalizas al vapor

Un ejemplo de elaboración con hortalizas cocidas al vapor es el **panaché de verduras**, que sirve como guarnición de platos de carne, pescado o huevos. Se elabora siguiendo estos pasos:

En recipiente adecuado con rejilla agua al fondo hay que introducir después de pelar y tornear las siguientes verduras, para seis comensales:

- Zanahorias: 250 gramos
- Nabos: 250 gramos
- Alcachofas: 750 gramos
- Judías verdes: 250 gramos
- Patatas cortadas tipo panadera: 500 gramos
- Coles de Bruselas: 250 gramos
- Mantequilla: 150 gramos
- Sal

Hay que utilizar el agua suficiente para que no toque la rejilla o cesta que sustenta las hortalizas, que se debe llevar a ebullición. A continuación, se colocan las hortalizas en el cesto en diferentes montones debido a la diferente dureza de las mismas. Se cuecen, pero no hay que refrescarlas después. Las hortalizas deben quedar "al dente", por lo que cada una necesitará su propio tiempo de cocción. Cuando se vayan a utilizar se sazonan con mantequilla salada.

D. Hortalizas braseadas

Un ejemplo de hortaliza braseada es una elaboración denominada lombarda segoviana cuya elaboración se explica a continuación.

- Lombarda: 2 piezas de 1500 gramos cada una
- Piñones: 100 gramos.
- Tocino veteado: 150 gramos.
- Aceite: 100 mililitros
- Azafrán: 10 hebras
- Pimentón: 1 cucharada
- Pan rebanada: 50 gramos
- Ajo: 3 dientes
- Vinagre: 100 mililitros
- Sal

Se comienza limpiando las coles y eliminándoles los troncos. Después se cuece todo en agua hirviendo durante 5 minutos. Una vez escurrida la cocción, se coloca en la cazuela. En una sartén aparte se fríen el pan y los ajos y una vez escurridos se machacan en un mortero con el azafrán. Se fríe el tocino en el aceite sobrante hasta dorarlo. Se deja enfriar y se le añaden el majado, el pimentón, el vinagre y los piñones, dejando cocer todo unos segundos. Finalmente se añade a la lombarda el sofrito, se mezcla todo y se deja brasear a fuego lento con el recipiente tapado.

E. Hortalizas fritas

La cocción en aceite, más conocida como fritura, admite diversos procedimientos, casi todos ellos acompañados de harina o algún tipo de rebozado o empanado. Hay que tener en cuenta que las hortalizas, una vez cocinadas, por dentro deben quedar blandas y por fuera crujientes, por lo que el aceite en el que sumerjan debe estar a temperatura bastante elevada.

- Un ejemplo de hortalizas fritas al natural son las **patatas fritas** cortadas en bastones y fritas en abundante aceite de oliva suave o girasol. Hay que comenzar ablandando la patata (unos 7-8 minutos) en la grasa entre 130-150 ºC de temperatura y para finalizar hay que dorarla hasta el momento de servir a unos 190 ºC (unos 5 minutos) y finalmente salar.

- Las **berenjenas** admiten muy bien la fritura en harina. Se deben cortar en rodajas finas y desangrarlas (como se explicó con anterioridad). Una vez escurridas y secas se enharinan y se fríen a 180 ºC hasta que comiencen a dorarse. Se escurren bien y se colocan en un recipiente con abundante papel de cocina para que no absorban el aceite.

- Las **pencas de acelga** son aptas para un rebozado. Una vez que se han limpiado y hermoseado se cortan en trozos de 3-4 centímetros y se blanquean durante 5 minutos, se escurren y se refrescan. Después se rebozan en harina y huevo y se fríen entre 150-160 ºC, hasta que cojan cierto tono dorado.

- Los **champiñones** tienen una textura idónea para freírlos mediante empanado. Primero se deben cocer unos minutos en su jugo con limón y mantequilla. Se dejan enfriar y se cortan en cuartos. A continuación, se pueden empanar con una mezcla de pan rallado, huevo, harina y leche. Una vez empanados se fríen a una temperatura entre 150-160 ºC y cuando se encuentren dorados por fuera se escurren.

- A los **pimientos** se les puede freír al natural, pero también se les puede hacer una pasta de rebozar con harina, cerveza o agua, levadura, leche y un poco de aceite. Esta masa hay que dejarla reposar para que fermente como si se tratase de una masa de pan. Mientras se cortan los pimientos en tiras y se salan. Cuando se proceda a la fritura se pasan las tiras de pimientos por la pasta y se fríen a 160-170 ºC aproximadamente.

Fig. 14. Berenjenas fritas en bastones

F. Hortalizas rehogadas o salteadas

Como se dijo, tanto el rehogado como el salteado se deben hacer con poca cantidad de aceite, pero el primero debe ser a fuego bajo y el segundo con el fuego bastante elevado ya que el resultado de la cocción varía.

- La **cebolla rehogada** por ejemplo se realiza cortándola en juliana e incorporándola a un recipiente con aceite y sal. La sal ayuda a la pérdida de agua y por tanto a su cocción. Como se ha dicho, el rehogado se debe hacer a fuego bajo y con el recipiente tapado. Una vez que se ha cocido bien la cebolla se debe guardar en su propio jugo y debe estar muy hecha, pero sin llegar a deshacerse.
- Las **judías verdes** son aptas para un salteado en el que se incorporen ajos, por ejemplo, para darles más sabor. Antes de saltearlas conviene hervirlas cinco minutos y refrescarlas. Mientras se ira dorando el aceite a fuego bajo y cuando se incorporen las judías se subirá el fuego al máximo, se incorporarán las judías moviéndolas constantemente y permitiendo que queden doradas por fuera y jugosas por dentro.

G. Hortalizas gratinadas

Una hortaliza que admite muy bien el gratinado y queda bastante jugosa es la coliflor. A continuación, se explica cómo elaborarla con bechamel.

- Coliflor: 2 kilos
- Harina: 75 gramos
- Mantequilla: 100 gramos
- Leche: 750 mililitros
- Queso rallado: 100 gramos
- Yemas de huevo: 2 unidades
- Sal, pimienta y nuez moscada.

Hay que comenzar limpiando y lavando la coliflor. Después se le debe realizar una cocción previa en abundante agua salada hirviendo, evitando que se rompa. Una vez cocida se escurre y se corta en porciones. Se prepara con la mantequilla, la leche y la harina una bechamel muy espesa que servirá para napar la coliflor. Se engrasa una placa de horno con mantequilla en la que se introduce la coliflor y se cubre con la bechamel. Se espolvorea por encima con queso rallado y dados pequeños de mantequilla. Finalmente se tuesta en el horno o salamandra. El resultado final quedará más dorado por la superficie y por dentro estará jugoso.

Fig. 15. Coliflor gratinada

6. Realización de las preparaciones culinarias a base de hortalizas

La preparación culinaria de hortalizas tiene como objetivo realzar sus sabores y texturas naturales, conservando al mismo tiempo su valor nutricional. Existen varias técnicas para preparar y cocinar hortalizas, cada una adaptada a los diferentes tipos y características de estas.

6.1. Preparaciones culinarias a base de hortalizas

Las hortalizas son versátiles y se pueden utilizar como base para una amplia variedad de platos, desde guarniciones hasta platos principales. Algunos ejemplos de preparaciones comunes a base de hortalizas incluyen:

- **Sopas y cremas:** Las hortalizas son la base de muchas sopas y cremas. Por ejemplo, una crema de calabacín o una sopa de tomate se pueden enriquecer con hierbas y especias para intensificar su sabor y valor nutricional.

- **Ensaladas:** Las hortalizas crudas, como lechuga, espinaca, pepino, tomate y zanahoria, son ideales para ensaladas. La combinación de hortalizas frescas con frutos secos, quesos o vinagretas aporta textura y sabor.
- **Salteados y woks:** Los salteados de hortalizas al estilo oriental, como los woks, son rápidos de preparar y mantienen las hortalizas crujientes. Se pueden combinar hortalizas como pimientos, brócoli, cebolla y champiñones con salsas como la soja.

Fig. 16. Wok de hortalizas

- **Gratins y soufflés:** Estas preparaciones horneadas combinan hortalizas (como papas, calabacín o berenjena) con salsas o cremas, y a menudo con queso rallado. Son platos nutritivos y reconfortantes.

- **Guisos:** En platos de cocción lenta, como los guisos, las hortalizas absorben los sabores de otros ingredientes y especias. Las papas, zanahorias, cebollas y apio son comunes en estas preparaciones.

- **Puré y machacado:** Los purés de papa, calabaza o zanahoria son opciones populares como acompañamiento. Se pueden enriquecer con especias, hierbas o un toque de crema para añadir sabor y suavidad.

- **Platos fermentados:** La fermentación de hortalizas, como el kimchi (con coles y rábanos) o el chucrut, aporta beneficios probióticos y sabores únicos. Estos platos suelen acompañar a otros platos principales.

7. Presentación de las características de las preparaciones de las hortalizas y cortes con denominación propia

Las verduras y hortalizas son alimentos naturales y contienen toda clase de vitaminas. Su elección y conservación debe ser muy cuidadosa y deben tomarse recién recolectadas. A medida que pasa el tiempo pierden humedad y propiedades, oxidándose y marchitándose con la consiguiente pérdida de sus valiosos elementos.

Los cortes de hortalizas son muy diversos y en algunas zonas geográficas tienen incluso nombres específicos. En el siguiente apartado se van a explicar los más utilizados internacionalmente y que guardan consonancia con su posterior aplicación y método de cocinado.

- **Chifonada**: tiras de 3-5 cm. largo por 1-3 mm. grosor. Se utiliza para hojas como las de la acedera o la lechuga.
- **Juliana**: el corte en juliana es el mismo tipo de corte que la chifonada pero que se practica para el resto de hortalizas.
- **Brunoise:** corte en dados muy pequeños de aproximadamente de 5mm. Se utiliza para los pimientos o la cebolla, por ejemplo.
- **Vichy**: acanalamiento y posterior corte en rodajas de 5 mm. en zanahorias, principalmente.
- **Mirepoix:** corte en dados de tamaños no regulares para la confección de salsas y caldos.
- **Torneado**: no es un corte sino una presentación, en el que la hortaliza se recorta para mejorar su presentación.
- **Avellana o parisien**: corte realizado con una cucharilla, sacabocados o vaciador dando como resultado una bola de diferentes tamaños según sea el tamaño de la cucharilla.

Todos estos cortes se realizan de forma general a las hortalizas, sin embargo, la **patata** tiene sus propios cortes (alargados, redondos y torneados). Algunos de ellos son los siguientes:

- **Alargados**: paja, cerilla, bastón, española, etc.
- **Redondos:** soufflé, rejilla, chip o panadera.
- **Torneados**: similares a los del resto de las hortalizas (avellana o parisien, castillo, cocotte, etc.).

Dependiendo del tamaño del corte tendrán una denominación.

- **Olivette**. 10gr. Tamaño de una oliva.
- **Cocotte**. 20gr. 5 a 6 mm de diámetro.
- **Château**. 40gr. 5cm de diámetro.
- **Inglesa**. 60gr. 6cm de diámetro.
- **Fondant**. 90gr. 8cm de diámetro.

Fig. 17. Col lombarda cortada en juliana

8. Aplicación de la preparación de las hortalizas según las características de estas

La preparación de hortalizas varía según sus características para maximizar su sabor, textura y valor nutricional. Aquí algunos puntos clave a considerar para distintos tipos de hortalizas:

Raíces (zanahorias, nabos, remolachas):

- **Preparación:** Lavar, pelar y cortar según sea necesario.
- **Cocción:** Generalmente requieren un tiempo de cocción prolongado debido a su dureza. Son ideales para hervir, asar o al vapor.
- **Características especiales:** Algunas raíces, como las zanahorias, retienen su dulzura mejor con cocciones largas y suaves.

Tubérculos (papas, batatas):

- **Preparación:** Pelar (si es necesario), cortar en trozos del mismo tamaño para cocer uniformemente.
- **Cocción:** Se pueden hervir, hornear, asar o freír. La cocción al vapor conserva más nutrientes.
- **Características especiales:** Algunos tubérculos, como las papas, necesitan remojo para reducir el almidón.

Bulbos (cebollas, ajos):

- **Preparación:** Pelar y cortar según el uso.
- **Cocción:** Pueden caramelizarse con cocciones lentas, aportar sabor en cocciones cortas o consumirse crudos (como la cebolla en ensaladas).
- **Características especiales:** Al cocinar lentamente, desarrollan sabores dulces, especialmente la cebolla.

Hojas (espinaca, acelga, lechuga):

- **Preparación:** Lavar bien para eliminar tierra o pesticidas.
- **Cocción:** Preferible cocinar brevemente (salteado o al vapor) para preservar color, textura y nutrientes.
- **Características especiales:** Algunas hojas, como la espinaca, se reducen significativamente en volumen al cocinarlas.

Flores (brócoli, coliflor):

- **Preparación:** Cortar en floretes y enjuagar.
- **Cocción:** Pueden cocinarse al vapor, hervir o asarse, aunque es mejor no cocinarlas en exceso para evitar una textura blanda.
- **Características especiales:** Cocerlas al dente mantiene su textura y sus propiedades antioxidantes.

Fig. 18. Coliflor cortada en floretes

Frutos (tomate, pimiento, calabacín):

- **Preparación:** Lavar y, si es necesario, quitar semillas o pelar.
- **Cocción:** Pueden cocinarse de varias maneras (al vapor, a la parrilla, salteados, etc.) o consumirse crudos en ensaladas.
- **Características especiales:** En el caso de los tomates, la cocción aumenta la biodisponibilidad del licopeno, un antioxidante beneficioso.

Semillas y vainas (guisantes, habas):

- **Preparación:** Desvainar si es necesario.
- **Cocción:** Hervir o cocer al vapor, aunque algunas vainas jóvenes pueden comerse crudas.
- **Características especiales:** Son ricas en proteínas y fibra; una cocción ligera conserva su valor nutritivo.

Fig. 19. Guisante en vaina

9. Realización de presentaciones a base de hortalizas

La realización de presentaciones culinarias de platos a base de hortalizas requiere de una planificación cuidadosa y de técnicas específicas para lograr un resultado visual atractivo. La presentación de hortalizas no solo debe ser visualmente agradable, sino también debe resaltar el color, la textura y el sabor del producto, manteniendo su frescura y propiedades nutricionales.

La presentación de platos de hortalizas tiene varios propósitos importantes:

- **Atractivo visual:** El aspecto del plato influye directamente en la percepción del comensal. Una presentación cuidada y armoniosa despierta el interés y mejora la experiencia gastronómica.
- **Fidelización de clientes:** Una buena presentación de platos ayuda a generar una imagen positiva del establecimiento y puede ser un factor clave para que los clientes regresen.
- **Diferenciación:** Un plato presentado de manera única y original contribuye a la identidad del establecimiento, permitiendo distinguirse de la competencia.

Para lograr una presentación adecuada de las hortalizas, es importante tener en cuenta ciertos principios que orientarán el diseño de los platos:

- **Selección y preparación adecuada de ingredientes:** Las hortalizas deben ser frescas, de alta calidad y tratadas de manera que mantengan sus propiedades visuales y nutricionales.
- **Equilibrio y armonía:** Los colores, formas y tamaños de las hortalizas deben combinarse para crear una composición visual atractiva. Las técnicas de corte pueden contribuir a este efecto, al crear texturas y formas variadas.
- **Propiedades de los ingredientes:** Cada hortaliza tiene una característica visual y sensorial específica que debe ser resaltada. Por ejemplo, el brillo de los pimientos, la textura crujiente de los pepinos, o el color vibrante de las zanahorias.
- **Uso de salsas y guarniciones:** Las salsas deben aplicarse en cantidades moderadas y de forma decorativa para no opacar los ingredientes principales.
- **Contención y disposición:** Las hortalizas deben estar dispuestas de manera que no sobrecarguen el plato y que el comensal pueda percibir la estructura del diseño.

La presentación de hortalizas puede variar según el tipo de plato y la oferta gastronómica del establecimiento. A continuación, se detallan algunos métodos para la presentación de hortalizas:

- **Disposición en capas:** Este método permite jugar con texturas y colores, presentando diferentes hortalizas en capas ordenadas o en formato de "millefeuille".

Fig. 20. Pastel de verduras con disposición en capas

- **Montajes en altura:** Crear volumen al presentar las hortalizas en diferentes niveles añade dinamismo visual y profundidad al plato.
- **Decoración con microvegetales o germinados:** Los microvegetales y germinados aportan color y frescura a la presentación, además de contribuir al valor nutricional del plato.
- **Contraste de colores:** Utilizar hortalizas de colores contrastantes, como el verde de las espinacas junto al rojo de los tomates o el amarillo de los pimientos, mejora el atractivo visual.
- **Emplatado en platos de diferentes formas:** Los platos de colores neutros y con formas innovadoras pueden complementar y enmarcar la presentación de las hortalizas.

9.1. Supervisión de preparaciones culinarias a base de hortalizas

La supervisión durante la elaboración de platos de hortalizas la debe realizar el jefe de cocina que es quien debe encargarse de custodiar todos los procesos de una cocina, ya sea durante las preelaboraciones o las elaboraciones. De este modo se alcanzará un resultado final óptimo.

Se trata de una **tarea de control** cuya finalidad es comprobar y vigilar que todas las actividades que se realizan en la cocina se ejecuten según lo previsto. Este control es imprescindible para salvaguardar la salud de los comensales y la calidad gastronómica del establecimiento.

Puede ocurrir que, si no existe una supervisión se puede cocinar una materia prima en mal estado y esto puede causar una intoxicación que haga peligrar la salud de los comensales. La responsabilidad de este acto caerá sobre quien tiene la dirección del establecimiento, es decir, el jefe de cocina.

Existen dos mecanismos de supervisión que se complementan y que son imprescindibles. Se explican a continuación:

- **Supervisión informal**: suelen llevarla a cabo los distintos departamentos de cocina, aunque en algunas ocasiones también se encarga el jefe de cocina. Esta supervisión permite que se corrija, advierta y asesore al personal cuando una tarea no se está realizando de manera correcta, por lo que se le deben dar unas pautas para mejorarla, generalmente a través de medidas correctivas. Un ejemplo de medida correctiva sería no dejar una elaboración durante más de una semana refrigerada porque podría contaminarse de bacterias, por ejemplo. También se puede evitar su deterioro conservándola siempre a la misma temperatura y evitando sacarla de la cámara frigorífica más veces de las necesarias. Una forma de garantizar que los procesos se lleven a cabo con normalidad es la adquisición de buenas prácticas.

- **Supervisión formal**: se registra a través de documentación y tiene que estar pautada. Esta supervisión garantiza que cualquier tarea cumple con las condiciones adecuadas y facilita que los procesos se rijan por un sistema de trazabilidad.

  La documentación en la supervisión formal puede ser eficaz y al mismo tiempo una tarea un tanto tediosa. Los documentos que se utilizan en cada establecimiento dependen de sus dimensiones, sistema de trabajo y oferta gastronómica. Generalmente los establecimientos de grandes dimensiones trabajan con listas de verificación que pueden elaborarse en una aplicación ofimática como Excel.

Modelo para elaborar una lista de verificación		
Tareas de organización	**Cumplida Sí/No**	**Medida correctora**
Encendido de aparatos eléctricos (luces, hornos y parrillas)		
Encendido de las freidoras		
Extracción de los alimentos del congelador		
Colocación de los alimentos en las cámaras para su descongelación durante 24 horas		
Preelaboración de los alimentos		

Las buenas prácticas en una cocina deben llevarse a cabo durante todas las tareas que se desempeñan en una cocina (preelaboración, elaboración, conservación y regeneración).

Por tanto, el jefe de cocina debe supervisar uno a uno todos estos procesos:

- **Recepción de las materias primas**: especialmente debe controlar las temperaturas para evitar se rompa la cadena de frío y eso suponga un aumento de los límites críticos de la misma.

- **Almacenamiento de los productos**: los productos (ya sean en crudo o elaborados) deben contar con las condiciones adecuadas en cuanto a temperatura y humedad y en las zonas de almacenamiento deben estar separados en sus zonas correspondientes (economato, cámara frigorífica o de congelación). También debe controlarse que los productos almacenados cuenten con una rotación eficiente para evitar que se estropeen.

- **Manipulación de alimentos en crudo**: hay que lavar y desinfectar los vegetales crudos. Las labores de corte deben realizarse en las superficies apropiadas para cada producto y los útiles deben estar en perfecto estado de limpieza y desinfección.

- **Higiene del personal manipulador**: limpieza frecuente de manos, higiene diaria y utilización correcta de los equipos de protección individual y la uniformidad.

- **Limpieza, desinfección y mantenimiento** de las **instalaciones,** superficies y equipos periódica y en función de las necesidades de cada uno de ellos.

 **Importante**

Los productos elaborados que se van a congelar o envasar al vacío deben incluir una buena práctica en el abatimiento de la temperatura para evitar que sufran contaminaciones bacterianas.

Resumen

En esta unidad se ha realizado un estudio amplio y extenso de las hortalizas. Al inicio se han explicado los tipos, las variedades y su presentación en el mercado. Los tipos de hortalizas se han clasificado en función de la parte de la planta a la que pertenecen (raíz, hojas, frutos, bulbos, etc.).

Después se han explicado los distintos procesos de preelaboración a los que deben someterse antes de cocinarlas ya que se deben limpiar, hermosear y posteriormente cortar. Los cortes de hortalizas se realizarán acorde a la técnica que se va a utilizar para elaborar cada una de ellas (chifonada, juliana, mirepoix, etc.). También se ha mencionado que las patatas tienen sus propios cortes ya sean alargados, redondos o torneados.

Las formas de cocinado más utilizadas para las hortalizas son la cocción en agua o al vapor, la fritura (con sus diferentes empanados y rebozados), el salteado, braseado, gratinado o asado. También se estudiado el papel tan importante que juega el jefe de cocina y los jefes de departamento durante la supervisión de las distintas formas de elaboración de las hortalizas.

Glosario

Acanalar

Realizar pequeños surcos superficiales en forma de v a una verdura o una fruta.

Desbarasar

Preparación del espacio de trabajo de la cocina retirando lo que no se necesita en ese momento y desechando los restos de los alimentos que se han utilizado para las elaboraciones.

Napar

Cubrir total o parcialmente un alimento con alguna salsa espesa tipo bechamel, holandesa, etc.

Peciolo

Apéndice de la hoja de una planta que la une al tallo.

Puntilla

Tipo de cuchillo pequeño, manejable y que tiene la punta muy afilada. Se utiliza para pelar las hortalizas.

Salamandra

Máquina de calor utilizada para calentar ingredientes ya cocinados. También se utiliza para gratinar queso o algún tipo de salsa.

Trazabilidad

Herramienta de gestión de la calidad que identifica el origen y las distintas etapas de un proceso de producción que en este caso es la cocina de un establecimiento hostelero.

Ejercicios de autoevaluación

1. Las hortalizas gratinadas:

a. Generalmente necesitan una cocción anterior.

b. Generalmente no necesitan una cocción anterior.

c. Generalmente tienen que freírse con anterioridad.

2. ¿Cuál de los siguientes ingredientes no forma parte del empanado de hortalizas?

a. Pan.

b. Huevo.

c. Vinagre.

3. ¿Cuál de los siguientes cortes de hortalizas se realiza en tiras?

a. Torneado.

b. Mirepoix.

c. Chifonada.

4. Las alcachofas se conservan en cámara:

a. Entre 10 y 12 ºC.

b. Entre 2 y 3 ºC.

c. Entre 15 y 20 ºC.

5. El interior de las patatas puede ser:

a. De carne blanca.

b. De carne amarilla.

c. Ambas respuestas son correctas.

6. ¿Qué tipo de hortalizas se utilizan para fermentación?

   a. Los tomates
   b. Las patatas
   c. Las coles

7. La adquisición de buenas prácticas en una cocina forma parte de una supervisión:

   a. Formal.
   b. Informal.
   c. Periódica.

8. ¿Cuál de las siguientes hortalizas se cocina gratinada con bechamel?

   a. Judía verde.
   b. Pimiento.
   c. Coliflor.

9. De los siguientes tipos de fritura ¿Cuál es más apropiado para los champiñones?

   a. El rebozado.
   b. El empanado.
   c. La fritura al natural.

10.El caldo blanco se utiliza para cocer:

   a. Pimientos.
   b. Tomates.
   c. Alcachofas.

Aplicaciones prácticas

Aplicación práctica 1. Técnicas de fritura

Módulo 1. Preparaciones culinarias a base de hortalizas

Se te ha pedido que frías patatas, berenjenas y champiñones para servir de acompañamiento a diferentes platos combinados de carne y pescado.

¿Qué técnica de fritura crees que es más apropiada para cocinar cada hortaliza? Realiza una tabla en la que se explique cada técnica de fritura.

Aplicación práctica 2. Proceso de elaboración del caldo blanco

Módulo 1. Preparaciones culinarias a base de hortalizas

Vas a realizar una elaboración de alcachofas con jamón ibérico como entrante para un menú. Antes de realizar el plato estas hortalizas deben cocerse en caldo blanco.

Debes explicar el proceso de elaboración del caldo blanco para cocer las alcachofas.

Recuerda incluir fotografías para que el equipo tutorial pueda evaluar correctamente la actividad.

Ejercicio de evaluación final

1. **Las listas de verificación de un proceso dentro de una cocina que pueden elaborarse en una aplicación ofimática como:**

   a. Excel.

   b. Word.

   c. PowerPoint.

2. **¿Dónde debe tostarse la coliflor para su gratinado?**

   a. En el horno.

   b. En la salamandra.

   c. Ambas respuestas son correctas.

3. **Si se desea rehogar una hortaliza hay que utilizar:**

   a. Poco aceite y fuego bajo.

   b. Mucho aceite y fuego alto.

   c. Poco aceite y fuego fuerte.

4. **La técnica de fritura que mejor funciona para las pencas de acelga es el:**

   a. Empanado.

   b. Rebozado.

   c. Enharinado.

5. **La lombarda segoviana se cocina mediante la técnica del:**

   a. Braseado.

   b. Pochado.

   c. Salteado.

6. ¿Cuál de las siguientes hortalizas se cuece muy bien en caldo blanco?

a. El cardo.

b. La alcachofa.

c. Ambas respuestas son correctas.

7. La ensaladilla rusa es un tipo de ensalada:

a. Simple.

b. Templada.

c. Compuesta.

8. La cocción al vapor utilizando agua debe realizarse en:

a. Sartén.

b. Vaporera.

c. Cazo.

9. ¿Cuál de los siguientes elementos puede servir como aderezo a una ensalada?

a. Vinagre.

b. Zumo de limón.

c. Ambas respuestas son correctas.

10. El torneado se utiliza para:

a. Embellecer la hortaliza para que quede mejor presentada.

b. Cortar en dados.

c. Cortar en tiras.

11.¿A cuál de las siguientes hortalizas se le realiza un desangrado previo antes de su cocinado?

a. Berenjena.
b. Endibia.
c. Col.

12.El escaldado es una cocción rápida en:

a. Agua hirviendo.
b. Aceite.
c. Leche.

13.La comercialización de las hortalizas está reglamentada por:

a. La Unión Europea.
b. La ONU.
c. Las comunidades autónomas.

14.Las endibias deben conservarse en la cámara:

a. En una caja cerrada herméticamente para que no les entre luz.
b. En agua.
c. En una bolsa trasparente.

15.Los brotes de bambú se clasifican dentro de las hortalizas de:

a. Fruto.
b. Tallo.
c. Rizoma.

16.Las cebollas pertenecen a la familia de las:

a. Umbelíferas.

b. Solanáceas.

c. Liliáceas.

17.Los ajos que más se conocen en España pertenecen al municipio denominado:

a. Tolosa.

b. Las Pedroñeras.

c. Calasparra.

18.La variedad más conocida y comercializada de pimientos es la:

a. Dulce.

b. Picante.

c. Ambas respuestas son correctas.

19.El calabacín tiene una forma de conservación similar a la del:

a. Cardo.

b. Pepino.

c. Tomate.

20.Una flor que se consume en ensaladas es la de:

a. Los pensamientos.

b. Las patatas.

c. Los tomates.

Solucionario

Módulo 1. Preparaciones culinarias a base de hortalizas

1. a   **6.** c

2. c   **7.** b

3. c   **8.** c

4. a   **9.** b

5. c   **10.** c

Bibliografía

Legislación

Real Decreto 3484/2000, de 29 de diciembre, por el que se establecen las normas de higiene para la elaboración, distribución y comercio de comidas preparadas.

Reglamento (CE) nº 852/2004 del Parlamento Europeo y del Consejo, de 29 de abril de 2004, relativo a la higiene de los productos alimenticios.

Reglamento (CE) nº 853/2004 del Parlamento Europeo y del Consejo, de 29 de abril de 2004, por el que se establecen normas específicas de higiene de los alimentos de origen animal.

Webgrafía

Caldo de verduras casero

https://www.bonviveur.es/recetas/caldo-de-verduras-casero

Clasificación de las hortalizas

https://blog.scoolinary.com/tipos-de-hortalizas-y-sus-beneficios

Cocinar verduras y hortalizas

https://dialprix.es/blog/consejos-saludables-para-cocinar-verduras-y-hortalizas/

Tipos de corte de hortalizas

https://www.4homemenaje.com/tipos-de-cortes-de-verduras-en-la-cocina/